核か、反核か

社会学者 清水幾太郎の霊言

大川隆法
RYUHO OKAWA

まえがき

社会学者の清水幾太郎《しみずいくたろう》といっても、今の若い人たちは、あまりよく知らないかもしれない。しかし、岩波新書の『論文の書き方』（清水幾太郎著）を読んだという人は若手にもいるかもしれない。私も東大入試の論述対策のため、先輩に勧《すす》められて読んだものだ。

私は、外国語の文献《ぶんけん》がどれほど読めるかが「知力の源泉《げんせん》」となり、左翼でも、右翼でも、オピニオン・リーダーになれる条件の一つであることを、若き日に清水幾太郎を読んで悟った一人だ。そして、それが宗教にもあてはまることが、今、証明されつつある。つまり、外国語で直接、情報を得られる力があれば、書くこと、言うことも豊富になり、日本のメディアの嘘《うそ》も瞬時《しゅんじ》に見破れるようになるのだ。

安保世代への反省を抜きにして、今、「原発、反原発」の動きは理解できない。本書が、政局の争点ともなりかねない「反原発運動」を再考するキーとなるだろう。

二〇一二年　八月二十一日

幸福《こうふく》の科学《かがく》グループ創始者兼総裁《そうししゃけんそうさい》　大川隆法《おおかわりゅうほう》

核か、反核か　目次

核《かく》か、反核か

――社会学者・清水幾太郎《しみずいくたろう》の霊言《れいげん》――

二〇一二年八月八日　霊示《れいじ》

幸福の科学「奥《おく》の院精舎《いんしょうじゃ》」にて

5 清水幾太郎流「外国語学習法」 103

「霊言現象《れいげんげんしょう》」とは、あの世の霊存在の言葉を語り下ろす現象のことをいう。これは高度な悟《さと》りを開いた者に特有のものであり、「霊媒現象《れいばいげんしょう》」（トランス状態になって意識を失い、霊が一方的にしゃべる現象）とは異なる。

なお、「霊言」は、あくまでも霊人の意見であり、幸福の科学グループとしての見解と矛盾《むじゅん》する内容を含《ふく》む場合がある点、付記しておきたい。

核《かく》か、反核か

――社会学者・清水幾太郎《しみずいくたろう》の霊言《れいげん》――

二〇一二年八月八日　霊示

幸福の科学「奥《おく》の院精舎《いんしょうじゃ》」にて

清水幾太郎《しみずいくたろう》（一九〇七～一九八八）

日本の社会学者、評論家。東京都生まれ。東京帝国《ていこく》大学文学部社会学科卒。学習院大学教授などを歴任し、「六〇年安保」の際のオピニオンリーダーの一人であったが、左翼《さよく》から保守に転向し、一九八〇年執筆《しっぴつ》の『日本よ国家たれ――核《かく》の選択《せんたく》』において、日本の核武装を主張した。語学に堪能《たんのう》であったことでも知られる。著書に『論文の書き方』（岩波新書）等がある。

質問者　※質問順

酒井太守《さかいたいしゅ》（幸福の科学宗務本部担当理事長特別補佐《ほさ》）

國領豊太《こくりょうぶんた》（幸福の科学宗務本部第一秘書局部長）

高田智香枝《たかたちかえ》（幸福の科学宗務本部学習推進室部長）

［役職は収録時点のもの］

1　「日本の核《かく》武装」を訴《うった》えた清水幾太郎《しみずいくたろう》に訊《き》く

「六〇年安保」のオピニオンリーダーの一人だった清水幾太郎

大川隆法　今日は、「社会学者の清水幾太郎《しみずいくたろう》という人が、あの世に還《かえ》ってから、どのようになり、今、どのような考えを持っているのか」という、しばらく前から気になっていたことを知りたいと考えています。

今、世界では、いろいろとデモがあったりして、体制を揺《ゆ》るがしているわけですが、日本では、去年の原発事故から一年余りがたち、首相官邸《かんてい》前を中心に、「原発を止《と》めろ！」という運動が起きています。

その裏では、もちろん、眠《ねむ》っていた左翼《さよく》勢力が浮上《ふじょう》してきているのだと思われますが、それは、かなり大きなうねりになっていて、彼らは、毎晩デモをしたり、週末にデモをしたりしています。

「原発廃絶《はいぜつ》」を訴《うった》えている彼らは、霞《かすみ》が関《せき》にある、ちょっとしたテントのようなものを拠点《きょてん》にしているのですが、その近くを私が車で通りかかったとき、たまたま、そこを右翼の街宣車が取り囲んで〝口撃《こうげき》〟をかけており、警官隊が駆《か》けつけていました。そういう場面に立ち会ったこともあります。

マスコミのほうを見ると、「原発廃絶」を訴えているのは、主として左翼系のマスコミだと思います。

昔、「六〇年安保《あんぽ》」と「七〇年安保」と、二回、大きな「安保闘争《とうそう》」があり、日米安保条約改定反対の学生デモなどが起きて、大学が入試を行えなかったこともありました。

あのときは、一種の革命前夜といった感じでしたが、「六〇年安保」の際には、岸信介《きしのぶすけ》首相が安保改定を成し遂《と》げ、そのあと首相を辞《や》めることで決着をつけたかたちになりました。

ただ、当時も首相官邸はデモ隊に囲まれて大変な状況《じょうきょう》であり、警官隊が官邸内の岸首相に、「もう護《まも》り切れません。逃《に》げてください」と言ったともされています。また、岸信介は首相退陣《たいじん》前に腿《もも》を刺《さ》されたりもしました。

そのあと、「七〇年安保」もありましたが、「六〇年安保」のころには、丸山《まるやま》眞男《まさお》と清水幾太郎のあたりがオピニオンリーダーと言われていて、岩波書店の雑誌「世界」などを中心に、学生たちに革命を呼びかけていたのだと思います。「朝日ジャーナル」もそうかもしれません。

時代的には終戦後十五年ぐらいだったので、まだ先の大戦に対する反省の余《よ》韻《いん》もあって、「日本のあり方を変えたい」という考えも強かったのだと思います。

今の日本では、反核《はんかく》運動のようなものの〝地熱《じねつ》〟が上がっていて、これが次の政局の争点の一つになる可能性があるのではないかと思います。

民主党政権は、もちろん、左翼政権として選ばれたわけですが、それにもかかわらず、「原発を再稼働《かどう》する」という方向で動いているので、これに関しては、まだまだ、これからも戦いが続くのではないかと思いますし、それは、当然ながら、原子力兵器開発の是非《ぜひ》の問題にまで続くのでしょう。

したがって、「この運動は、はたして正しいのかどうか」という問題を、やはり検討しなくてはいけません。

「左翼《さよく》のオピニオンリーダー」から「保守系の言論人」への転向

大川隆法　これからの日本のあり方を考えるに当たっては、かつて、安保闘争のオピニオンリーダー、理論的主柱でもありながら、のちに日本の核武装を訴えた清水幾太郎の見解を知りたいところです。

安保闘争で敗れたあと、丸山眞男は、東大の教授を早めに辞めてしまいました。東大の名誉《めいよ》教授にはなりましたが、しばらくブラブラしたあと、日大に就職しています。

一方、清水幾太郎のほうは、左翼《さよく》系のオピニオンリーダーだったにもかかわらず、安保闘争に敗れたあとは、学問的原点に帰り、得意の語学力を活《い》かして外国の文献《ぶんけん》を読みあさります。そして、自分の考え方を再構築し、保守の側に立って、また論陣を張り始めたのです。

私は、若いころ、晩年の清水幾太郎の書いたものをよく読んでいましたが、壮絶《そうぜつ》な印象を受けました。「あれだけのオピニオンリーダーだった方が、まったく正反対の意見、百八十度違《ちが》った意見を持って、再び立つ」というのは、そう簡単にできることではなく、丸山眞男のように消えていくのが普通《ふつう》かと思うのですが、清水幾太郎は再び立ち上がってきたのです。

そのころは、まだ保守系の文化人や言論人は少なかったのですが、彼は、「日本よ、国家たれ」と主張し、「愛国心」や「核の選択《せんたく》」など、当時としては非常にセンセーショナルなテーマを取り上げていたのを覚えています。

それから、私の記憶《きおく》に間違いがなければ、彼は総合雑誌の巻頭言《げん》も書いていたと思います。

田中角栄《たなかかくえい》元首相の逮捕《たいほ》につながった「ロッキード事件」のとき、事件の関係者として、児玉誉士夫《こだまよしお》という、右翼の大物がいました。

この児玉誉士夫邸は、かなりの豪邸《ごうてい》で、外から容易に侵入《しんにゅう》できるようなものではありませんでしたが、プロペラ式の小型飛行機であるセスナ機を操縦し、児玉誉士夫邸の二階の、児玉本人がいるのではないかと思われるあたりを狙《ねら》い、そのプロペラ機ごと突《つ》っ込《こ》んで死んだ男がいました。その事件は、テレビや新聞、雑誌にもかなり取り上げられました。

当の児玉誉士夫が無事だったこともあり、国民というか、マスコミの大多数は、これを無駄死《むだじ》にとして扱《あつか》い、嘲笑《あざわら》う感じで報道していました。「何というう、ばかげたことをしたのか。一人でプロペラ機で突っ込んでいって、何になる?」という言い方をし、からかうような扱いをしていました。週刊誌まで含《ふく》めて、そうだったのです。

そのときに、保守系の言論雑誌だったと思いますが、その巻頭言で、清水幾太郎が、「なぜ笑う」という題で、そういう報道を厳しく叱責《しっせき》した文章を書いていたことが印象に残っています。

それは短い文章でしたが、「自分の命を懸《か》け、プロペラ機で児玉邸に突っ込んでいった男を、なぜ、国民を挙げ、マスコミを挙げて嘲笑うのか」と、ものすごく国民やマスコミを叱《しか》っている文章でした。

私は、清水幾太郎が、こういう文章を書いているのを見て、「うーん。オピニオンリーダーとは、こういうものか」と感じたことを覚えています。

民主主義と調和する愛国心の大切さを訴《うった》えた

大川隆法　清水幾太郎は、「左翼のオピニオンリーダー」から「保守系の言論人」に転じた変節漢と見なされたため、かつての同志や追従者《ついじゅうしゃ》たちは、彼のことを裏切り者として相手にしなかったでしょうが、彼は、学問的な立場から、愛国心の大事さをよく訴《うった》えていました。

今、清水幾太郎の著書は、書店には、あまり置かれていませんが、彼には『愛国心』という著書もあります。それを読むと、彼の考えは、「戦前の愛国心は、天皇を信じる愛国心だったと思うが、戦後の愛国心は、民主主義と調和する愛国心であるべきだ」というようなところに至っていたようです。

最近では、長谷川三千子《はせがわみちこ》という、女性の学者が、「ギリシャの民主主義そのものは、実は愛国心から始まったものだ」というようなことを言っていますが、清水幾太郎も、それに気がついていたようで、愛国心の問題を考え始めたりしています。

ただ、清水幾太郎には、次のような逸話《いつわ》もあります。

現在の天皇は、学習院を、ご卒業なされていないというか、中退なされているわけですが、それは、皇太子時代に、天皇の代理などとしてヨーロッパに何カ月か行かれたため、出席日数が足りず、必修科目の単位が取れなかったからです。

実は、この清水幾太郎が、当時、学習院大学の教授であり、その必修科目の担当だったのです。学習院の院長をはじめ、他の教授たちがいくら説得しても、清水幾太郎は、「出席日数が足りないものは足りない」と言い、断固として判子を押《お》さなかったのです。

そのため、天皇陛下、当時は皇太子ですが、公務が理由であったにもかかわらず、学習院をご卒業できずに終わり、ご経歴において、「学習院卒」ではなく、「学習院に学ばれる」ということになっているわけです。天皇陛下にとって、これはトラウマ（心の傷）になっておられるかもしれませんが、当時の清水幾太郎は、まだ左翼の社会学者だったのだと思います。

しかし、その後、彼は「右」に極端《きょくたん》に〝ぶれ〟ました。

もう少し分かりやすく言うと、清水幾太郎は渡部昇一《わたなべしょういち》氏の一世代前のオピニオンリーダーと考えてよいでしょう。そのため、渡部昇一氏の著書を読むと、その本が書かれた二十年ぐらい前に清水幾太郎が書いた文章の影響《えいきょう》が散見されます。

しかし、もう一方のオピニオンリーダーだった丸山眞男からの影響は、渡部昇一氏には、ほとんど感じられないので、そちらのほうの影響は受けていないと思われます。

渡部昇一氏は、おそらく、清水幾太郎が語学に堪能《たんのう》だったことや、挫折《ざせつ》からリバウンドしてきたことにも感動なされたのではないかと思います。

一九八〇年代は、保守系の言論人や知識人が「片手で数えられる」と言われた時代であり、保守系の論陣を張るには、すごく勇気が必要だった時代です。

ソ連崩壊《ほうかい》後は急に保守系の言論人が増えてきたのですが、それ以前は、「左翼が正しい」という見方が圧倒《あっとう》的で、知識人というと、ほとんどが左翼系であり、クオリティ雑誌も、みな左翼雑誌でした。

そういう時代にあって、清水幾太郎は、いち早く右翼のほうに転じた人なのです。

三島由紀夫《みしまゆきお》にも、少し、そのようなところはありました。

今、私は、「これらの人たちは、いったい何を感じたのか」と思うことがあります。清水幾太郎は「知的巨人《きょじん》」でもあったのでしょうが、「今、この日本の国を見て、どのように感じておられるのか」ということを伺《うかが》うことができたら、何か参考になるのではないかと思います。

そのへんのことを知らずに、感情に流されたり、また同じことを繰《く》り返したりするだけではいけないでしょう。

「この学者が、なぜ考え方を変えたのか。今をどう見ているのか。また、これからの未来をどう見ているのか」ということを、少しでも探《さぐ》れたらよいと思っています。

縦横無尽《じゅうおうむじん》に外国語を駆使《くし》した清水幾太郎

大川隆法　清水幾太郎の専攻《せんこう》は社会学です。

彼は獨協《どっきょう》中学から旧制東京高校を経て東大の文学部に進みました。

獨協中学は第一外国語でドイツ語教育を行っていたので、彼は英語等を大学以降に学びましたが、フランス語やロシア語も読めるようになりました。非常に語学に堪能な方だったようです。

当時は社会学の文献で日本語に翻訳《ほんやく》されているものはまだ少なかったので、「原書が読める」ということが社会学者の条件だったと思われます。

清水幾太郎は、原書がかなり読めたため、東大の学生時代に、ドイツ語の新刊書の書評を学術雑誌に書いていました。

彼は、東大卒業後、東大の研究室に残ったのですが、「教授や助教授よりもドイツ語ができる」という状況だったため、非常に居心地の悪いことになり、いつものことではありますが、「先生よりできる人は残れない」という言葉どおり、研究室から追い出されてしまいました。それほど、ドイツ語の本がよく読めたらしいのです。

一方、英語などは大学で学び始めたわけですが、フランスの社会学者オーギュスト・コントについての論文も書いているので、フランス語もマスターしていたでしょう。

また、ロシア語については、NHKでロシア語講座を担当したことのある人ではないかと思いますが、湯浅芳子《ゆあさよしこ》という人のロシア語講習会に通いました。初めて習いに行ったとき、彼のあまりの呑《の》み込みの早さに湯浅芳子は驚《おどろ》き、

「ロシア語の授業を初めて受けた」ということを絶対に信じず、「初めてのはずがない」と思ったそうです。

あとから学んだロシア語であるにもかかわらず、彼はロシア語の百科事典まで読みました。社会学に関係する項目《こうもく》を百科事典で全部読んでみて、「ソ連には社会学がない」ということを発見し、愕然《がくぜん》としたらしいことが分かっています。

彼はドイツ語の本の翻訳を出していますが、それ以外に英語やフランス語の本の翻訳まで出しています。

実は、私も清水幾太郎の影響を少し受けているのです。

今、私は、外国語に関して、「ポジティブ・リーディング」ということを言っています。外国語に対してネガティブになり、「分からない単語があったら読めない」と考えていたら、いつまでたっても読めるようにはなりません。

日本人は、日本語の新聞であれば、九十五パーセントの単語を知っていたら読めますが、それは英語でも同じです。そこで、「読めるところを中心に読んでいけばよい」と私は言っているのですが、実は、これは清水幾太郎の考えなのです。

彼は、いろいろな言語をマスターするに当たって、学校で教わるやり方とは違い、「読めるところを、とにかく読んでいく。読んでいるうちに、だんだん分かってくる」という読み方をしたようです。

彼は「語学の天才」と言われ、縦横無尽《じゅうおうむじん》に外国語を駆使《くし》した方ではあります。

彼については、そういうことが印象に残っています。

ちなみに、語学に関しては、私にも少し〝逸話〟があります。

私は大学では国際政治のゼミに所属していましたが、そのゼミのなかで、ヨーロッパの連立政権を研究した、英語のぶ厚い本を読んでいました。

ある日、教授が、予習してくる個所を、一週分、間違えて、翌週の部分を読んできたことがあります。そのため、その教授は、「ちょっと待ってくれ」と言い、その場で該当《がいとう》部分を読み始めました。

私は教授の隣《となり》に座っていたので、教授が英文を読んでいく様子を、じっと横で見て、「どのくらいの速度で読むか」ということを計っていました。そして、英文を読むのが私よりかなり遅《おそ》いことを確認したのです。

それは、リンツというスペイン人による研究だったと思いますが、スペイン人が書いた英語であるため、実に読みにくい文章であり、アメリカから来ていた留学生が読んでも、「半分も分からない」と言うぐらい難しいものでした。

その本の一章分を教授が読んでいる時間を横で計っていたので、私は意地の悪い学生だったわけですが、私よりも読むのが遅いことがはっきり分かったのです。

ただ、そういう態度がよくなかったのでしょうか、私も清水幾太郎のように放り出された口ではあるのです。

清水幾太郎は、そのあたりから私の印象に残っている方ではありません。丸山眞男は、死後、天国に還《かえ》っていませんでしたので（『日米安保クライシス』〔幸福の科学出版刊〕参照）、現在の清水幾太郎がどういう状態であるか、分かりません。現在の天皇を卒業させなかった〝罪〟により、地獄《じごく》に閉じ込められている可能性もあるのですが、そのへんについては調べてみないと分かりません。

そして、もし彼の意見が聴《き》けるのなら、聴いてみたいと思っています。

清水幾太郎は社会学者の目で物事を捉《とら》えた

大川隆法　学問としての社会学は分かりにくいものです。

私は、法学、政治学、経済学、経営学、国際関係論などを学びましたが、これらは実学に近い学問です。これらの学問が一方にあるとすると、もう一方には、文学や芸術、宗教学、歴史学など、やや柔《やわ》らかい学問があります。

そして、社会学は、この両者の中間あたりの領域にあり、その射程や範囲《はんい》が、はっきりとは分からない学問なのです。

新宗教学者の故・柳川啓一《やながわけいいち》東大教授は、今の宗教学者たちの先生に当たるぐらいのレベルの人ですが、その柳川教授が、「新宗教学はゲリラのようなものだ。ゲリラ的に、いろいろと新宗教を研究してはいるが、社会学という〝正規軍〟が来たときには逃げ出さなくてはいけない」というようなことを書いていたのを覚えています。

新宗教学から見れば、社会学は正規軍に見えるらしいのですが、私が学んだ法学や政治学の系統の学問から見れば、社会学は少し軟体《なんたい》動物のように見え、よく分からない学問です。そのくらいの位置づけなのです。

ただ、私自身は、大学に入ったころ、マックス・ウェーバーに関する勉強から入っていきました。彼は社会学の大家《たいか》です。社会学の流れは、すべてマックス・ウェーバーから出ていると見てよいのです。このマックス・ウェーバーから、社会学における、いろいろな学問が、すべて、かっちりと出来上がってきています。

私は、このマックス・ウェーバーについての勉強から入ったので、「社会学から他の学問をまとめて捉《とら》える」というようなことが、ある程度、できるようになっています。そのため、意味的には何となく社会学が分かる気はしています。

清水幾太郎は、社会学者として、「安保闘争」という現実の社会運動にかかわり、かつ言論活動も行った方です。

彼は、今、どのように考えておられるのでしょうか。

あの世に還って、思索《しさく》をされ、何か私たちの参考になることを思いつかれていれば、ありがたいと思います。

また、われわれの今後の行動についてのアドバイスを頂ければ、それもありがたいと思います。

霊界《れいかい》の清水幾太郎を招霊《しょうれい》する

大川隆法　前置きが長くなりましたが、清水幾太郎については、今、あまり知らない方が多いと思うので、やや詳《くわ》しく話をしました。

今、丸山眞男のほうは、著書が復刻され、新しく出たりしていますが、残念ながら、清水幾太郎の著書を書店であまり見かけなくなっているので、彼のことを知らない人が増えてきつつあるのではないかと思っています。

それでは、社会学者にして、オピニオンリーダーでもあられました、清水幾太郎氏をお呼びしたいと思います。

（合掌《がっしょう》し、瞑目《めいもく》する）

清水幾太郎の霊《れい》よ。清水幾太郎の霊よ。

どうか、ご降臨たまいて、われらに、そのお心の内を明かしたまえ。

この日本の国のあり方、日本の今後の政治運動や社会運動等のあり方、未来についての考え方、学問のあり方などについて、アドバイスをしてくださることがありましたら、幸いでございます。

われわれも、日本の未来について、言論および行動に責任を持っている者たちでございます。どうか、よきアドバイスを、お願いいたしたいと思います。

清水幾太郎の霊、流れ入る。

清水幾太郎の霊、流れ入る。

清水幾太郎の霊、流れ入る。

（約二十秒間の沈黙《ちんもく》）

2　今の反原発運動を、どう見るべきか

安保世代が最後に〝一暴れ〟をしている

清水幾太郎　ううーん。うーん。

酒井　清水幾太郎先生でございましょうか。

清水幾太郎　うーん。アハッ。

酒井　本日は、まことにありがとうございます。

清水幾太郎　社会学者が研究されるかあ。うーん。

酒井　いえ、研究ということではなく、本日は、私たちにアドバイスを賜《たま》われればと思っております。

清水幾太郎　アドバイスねえ。できるかなあ。君らも、けっこう頑張《がんば》っているからなあ。

酒井　ありがとうございます。

清水幾太郎　アドバイスできるかなあ。

酒井　清水先生は、今の日本をご覧になっていますでしょうか。

清水幾太郎　ああ、見ているよ。それは見ているよ。とっても心配しているよ。

酒井　清水先生のご生前には、「六〇年安保」と「七〇年安保」とがあったと思いますが、ある意味では、その安保世代の亡霊《ぼうれい》が、今、よみがえってきているように感じられます。

清水幾太郎　「よみがえっている」というか、もう最期《さいご》だろうね。あの安保世代、つまり、学生時代に、勉強しないで、ヘルメットをかぶり、旗を振《ふ》って、鉢巻《はちま》きじゃなく、顔に手ぬぐいを巻き、角材を振って卒業した連中、なかには中退した者もいたかもしらんが、そういう連中あたりが、今、いちおう、日本の各界の最高年齢《ねんれい》になっているんだろう？

酒井　はい。

清水幾太郎　だから、マスコミにもいれば、学者のなかにもいるし、官界や政界にもいる。中国大使とかね（笑）。みんな、そんなところにいるんだろうから、さ、いやあ、青春時代を思い出して、最後に、ちょっと〝一暴れ〟をしているんだな。

酒井　そうですね。そのような印象を受けます。

〝中国の成功〟に誘惑《ゆうわく》されている左翼《さよく》勢力

酒井　彼らは、今、昔を思い出して、何かを訴《うった》えているのだと思うのですが、こういった風潮がマスコミ等でさらに煽《あお》られ、「これが国民全体の意見である」というような持っていき方をされているのではないかと思います。

そこで、特に、反原発の運動や沖縄《おきなわ》での反米軍基地運動に対して、清水先生が、今、どのようにお考えになっているかを、お聞かせいただければと存じます。

清水幾太郎　いやあ、彼らは、おそらく、それだけを考えているわけじゃなくて、やはり、先の戦争の責任や、その善悪の判定なども絡《から》んではいるんだろうな。

今日も、オリンピックでは、「ドイツの女子のボート選手が、ボーイフレンドがネオナチに所属していることが報じられたため、予定を繰り上げて帰国した」という出来事があったようだ。

ドイツでも、ナチにかかわることは、いまだにタブーで、「悪い」ということになっているようである。

第二次世界大戦後、もう七十年近くたって、まだ、オリンピックに出場する人が、「本人ではなく、彼氏、ボーイフレンドが、ネオナチ運動、すなわち、ナチ復活運動のようなものにかかわっている」ということで騒動になるわけだから、「なかなか、しつこいものだな」ということを感じるね。

日本の場合も、問題は、「先の大戦をどう見るか」ということでしょう?

安保世代もそうだけど、戦後、左翼《さよく》にずっと流れていて、いまだに強い考え方は、「先の大戦で日本は間違《まちが》っていた」というものだ。だから、「日本は反省し、二度とそうならないようにしなくてはいけない」という考え方が主流だね。

日本は、核兵器を落とされたにもかかわらず、それに対する見方を、「核兵器そのものがいけない」というほうに持ってきたし、憲法九条で、「日本は平和を求める。戦争には手を出さない」ということを定めた。そのため、日本では、一種の思想・信条として、ある種の「新しい日本教的信仰《しんこう》体系」が成立したんだな。戦後、六、七十年間にわたってね。

ところが、これが、戦後、四十五年を超《こ》えたあたりで揺《ゆ》らぎ始めた。要するに、ソ連邦《れんぽう》の崩壊《ほうかい》あたりから揺らぎ始めたけど、それから二十年がたち、「経済的に停滞《ていたい》し、貧困層が増えつつある」という状況《じょうきょう》のなかで、左翼勢力の巻き返しが始まってきているわけだな。

それと、中国が巨大化《きょだいか》してきた。ソ連邦は「社会主義が失敗した事例」として見られていたけれども、「中国は成功したじゃないか」ということで、かつての全学連《ぜんがくれん》世代たちは、今、「中国が成功したんだったら、やはり、あれでよかったんじゃないか。全学連的な戦いで、もし革命が起きていたとしても、結局は成功できたんじゃないか」というような考えに誘惑《ゆうわく》されている感じがするな。

だから、「原発反対で、どうこう」ということだけではなく、大きなマクロの流れがある。

去年、たまたま福島原発で事故が起きたから、その記憶《きおく》が生々しくて、反原発運動が起きている面もあり、それだけを取れば、局所的で小さな問題だけれども、それは、そういう大きな流れのなかに位置づけられて、彼らを、もう一回、盛り上げさせる一つのきっかけになった。

何か勘違《かんちが》いをして、「もう一回、原爆《げんばく》を落とされたような気分になっている」ということかな。彼らには、そのように見えているんだろうと思う。

そして、私には、彼らのその気持ちが分かるんだよ。

君らは宗教だろうけど、キリスト教にも仏教にも、その根本的な趣旨《しゅし》から見ると、「戦争反対」や「核兵器反対」のほうにつながっていく思想があると思う。だから、キリスト教徒も仏教徒も、そういうメンタリティー（心的態度）

を持っていると思うんだ。まあ、イスラム教は違うと思うけどね。

ただ、現実のキリスト教国は、キリストの言ったとおりにはしていないよね。「正義の戦争」という意味づけがあれば、きちんと戦争をする。

一方、仏教のほうでは、仏陀《ぶっだ》の教えに忠実だった国は滅《ほろ》びている。

だから、思想の次元はともかくとして、現実政治のほうでは、やはり、「それでいいのかどうか」ということを、リアリスティックに考えなくてはいけない。それは、そういう宗教を教えた人の責任じゃなくて、後代の人の責任だな。

酒井　はい。

清水幾太郎　今、日本で原発反対運動が盛り上がり、「原発をゼロにしよう」

と言っているんだろう？　だけど、その結果、この一年間で起きたことは何か。

一時的に原発が止《と》まったせいもあるんだろうけど、石油や天然ガス等による電力供給への依存《いぞん》が強まり、燃料費の高騰《こうとう》によって、電気料金が値上げされることになった。

また、将来的なエネルギー危機が予想されるようになった。輸入燃料に依存せず、日本が独自につくり出せる電気エネルギーは、原発と水力発電によるものぐらいだったんですけど、それが危うくなってきている状況だな。

ただ、「日本人が、体質的な核アレルギーのようなものを、克服《こくふく》できるかどうか」というと、なかなか難しいものがあるだろう。日本には、とにかく何にでも反対したくて、うずうずしている人がいるからな。

酒井　なるほど。

清水幾太郎　「待ってました」というところでしょうね。

反原発運動の善悪の判定は「愛国心」の考え方による

酒井　清水先生は「彼らの気持ちが分かる」とのことですが、彼らの考え方は、善なるものなのか、それとも、悪なるものなのか、未来においては、たぶん……。

清水幾太郎　善悪の判定は、だから、今言った愛国心の考え方によると思うんだよ。愛国心。

本人（の霊）にお訊《き》きになったらいいが、愛国心を徹底《てってい》的に非難したことで有名なのはトルストイです。彼は、「愛国心なんてものがあるから、戦争が起きて、憎《にく》み合いが生じる」というようなことを言っていた。

トルストイは、ある意味で宗教的な人であるのかもしれないし、それは文学的な世界での考えかもしれないけれども、彼の考え方は、「人間関係の愛や調和ということを考えれば、愛国心なんか、そんなもの、ないほうがいいんだ。愛国心のようなものがあると、利害の異なる団体の間で、どうしても、ぶつかり合いが生じてくる。だから、考え方をまとめるためには、愛国心など、ないほうがいい」というようなものだな。

トルストイの『戦争と平和』は主としてナポレオン戦争を描《えが》いたものだけど、ナポレオンだって愛国心の塊《かたまり》でしょうからね。彼が、フランス的なるものを全世界に広げようとしたため、戦いになったのであり、トルストイ的に言えば、

『聖書』に予言された「666《ろくろくろく》」とはナポレオンのことになる。彼には、そのように見えるわけだね。

愛国心を持てば、国家と自己との同一感覚を持つようになる。そのため、「人と人との間には、共に愛し合う関係が成り立つにもかかわらず、国家という一つの機構に帰属することによって、憎しみ合う関係が生まれる」という考えがあるわけだね。

これについては、彼（トルストイ）に訊いてくれればいいけどね。

「愛すべき国として、自分の国を守る」という考え方は悪くない

清水幾太郎　そういう考えもあるけれども、もう一つ別の考えもある。「愛国心的なものをなくし、今で言えば国連的なるもので、世界平和や地球

平和のようなことを考えればいい」という考え方もあるわけだけど、「そういうものが現実のものとして成り立つか」という問題が、もう一つあるわけですよ。

例えば、「火星人来襲《らいしゅう》」でもあれば、「地球が一つにまとまり、各民族が一体化して、地球防衛のために戦う」というようなことになるかもしれない。国際社会に、国際連盟や国際連合のようなものができ、「世界の平和と社会を愛するための戦い」という名目で、地球全体がまとまることもありうる。

昔、オーソン・ウェルズがつくった、「火星人来襲」のラジオドラマが話題になった。そんなことが実際にあれば地球全体がまとまることもあるけれども、「火星人来襲」がＳＦであって、実際にはないとすれば、やはり、国や社会、会社同士の競争は、なくなるわけではないでしょう。

小さく見てみると、会社員には、自分が給料をもらっている会社に対する愛社精神というものがある。

その会社から給料をもらっているのだから、その会社のために働き、営業活動をして、「うちの製品はいいですよ。よその電気屋の商品より、うちの商品のほうがいいですよ」などと言い、商品を売って歩く。これの何が悪いのかといえば、もちろん、悪いわけではない。

むしろ、自分に給料をくれない会社のことをほめ上げて、自分に給料をくれる会社のことを悪く言うのは、おかしいですわな。

同じように、自分が属している社会を、ある程度、愛することは、悪いことではない。例えば、自分を守ってくれている、学校や町などのために働くことは、悪いことじゃない。

それから、日本なら日本という国に生まれ、日本国民として生きていることによって、ずいぶん享受《きょうじゅ》しているものがある。平和を享受し、麻薬も犯罪も少ない所で生きていられる。子供が夜遅くまで塾《じゅく》に通《かよ》っても安全である。そのような意味で、日本を「いい国だ」と思う人もいるし、日本から国外に脱出《だっしゅつ》する人は、ほとんどいない。

このようなことによって、「自分が所属しているところに対する帰属感から、そこに対する愛の心が生まれる」ということは、何も悪いことではないし、本をただせば、それは家族のところまで戻《もど》るかもしれない。自分の家族を愛することは、何もおかしくない。こういう考えもありうるわけだよね。

そこで、私の考えだけど、戦前の天皇中心型の愛国心だと、確かに、忠君愛国型の封建《ほうけん》時代に近いものがあり、そういう、お仕着せの愛国心だと、現代社会では問題があるかもしれない。

しかし、民主主義的な意味において、大勢で考え、「愛すべき国として、自分の国を守る」という考え方を持つこと自体は、悪いことではない。その意味では、民主主義国家であっても、戦争を起こすし、防衛戦争は起きる。それは現実にあるよ。

そういう考え方はありうると思うし、戦争に関する善悪の考えも、そのへんから出てきているとは思うんだけどね。

民主主義では、「神が定めていないこと」を話し合いで決める

清水幾太郎　そして、「人間から利己心をなくすことが、はたして、できるかどうか」という問題も、もう一つあるわけだね。宗教は、それを説いているか

もしれないけれどね。

「トルストイ的な愛で人類を包む」ということは、利益団体や、そういう機能を持った団体のなかでは、実際には、なかなか難しく、やはり、それだけでは通用しないものはある。

例えば、病院には、「病人なり、けが人なり、死にかけの人を、誰《だれ》であっても受け入れ、助けなくてはいけない」という使命、ミッションがあっても、現実には、どうしたって、経営事情もあれば、「日曜、祭日、土曜日はお断り」ということもあるし、なかなか思うようにいかないところはあるよね。

いかなる生物であっても、個体としてだけ生き延びるものと、社会的生活を営んでいるものとが、やはりある。

人間というものを、社会的存在として見たときには、やはり、組織なくしては生存できないというか、ある程度、集団として生活する存在だと規定できる。

そうであれば、自分が所属する集団に対して、ある程度の感謝・報恩の気持ちが起き、それが愛の気持ちになること自体は、おかしなことじゃないよね。

君たちのやっていることが、君たち自身の話し合いによって、もし、「悪なることだ」とされるのなら、それを君たちの考え方で変えるのが民主主義だと思うしね。

また、君たちが、それを「善なるものだ」と判断したならば、反対が多少あっても、それを推《お》していくのが正しいことだよな。

民主主義というものは、「神が先に決めた固定的な善悪ではないものが、社会の変化によって、新しく生まれてくるときには、『どうしたらいいか』を話し合いで決める。神が、あらかじめ教えてくれていないことは、〝モーセの十《じっ》戒《かい》〟には書いていないから、『新しい事態に対して、どう対処するか』を、みんなで話し合って決める」ということだよな。それが民主主義だ。

そして、今は民主主義的にぶつかりが起きているわけだ。

「原発反対」と「CO_2（二酸化炭素）削減《さくげん》」とは矛盾《むじゅん》する

清水幾太郎　今、デモが起きて、「原発反対」と言っているけれども、これには、「冷静な分析として、どうなのか」という、客観的な分析《ぶんせき》をする必要があるな。

今回の原発事故が起きる前にも、アメリカのオバマさんは、オバマ政権が立ったころあたりから、「クリーンエネルギー」とか「グリーンエネルギー」とか言って、「自然の力を利用してエネルギーをつくろう」ということを、きれいごとのように言っていたけど、現実には、それだけじゃエネルギーが足りないことは明らかだね。

そして、今の「放射能反対」の前には、人々はCO_2（二酸化炭素）に反対していたんじゃないの？

酒井　そうですね。

清水幾太郎　CO_2が出る。それで地球温暖化が始まって、海面の温度が上昇《じょうしょう》し、それが、さまざまな気候異変を起こして、天変地異が起きたりし、人類の死滅化につながる。そんなことを言っていたんじゃないの？

酒井　はい。

清水幾太郎　ところが、二酸化炭素の話から、急に、今度は、放射能というか、放射線の話にすり替《か》わってきているんでしょう?

酒井　ええ。変わりましたね。

清水幾太郎　だから、本当は、対象は何でもいいんだよ。二酸化炭素の話は、どこかに行ってしまった。

原子力発電だと、二酸化炭素は出ない。しかし、原子力をやめて石炭や石油に変えたら、CO_2がたくさん出て、今度は地球温暖化促進《そくしん》の方向に向かう。

酒井　はい。矛盾《むじゅん》していますね。

清水幾太郎　数年で入れ替わったね。

こんなものに関しては、神の決めた、「永遠不変の真理」としての善悪があるとは思えませんねえ。

だから、原点に帰り、共同生活をしていく組織において、「最大多数」が「最大幸福」を得られるために、ある意味での功利主義的な考え方をしてもよろしいんじゃないでしょうか。それを善と考えていいんじゃないでしょうかね。

だから、「彼らがやっていることが、結果的に善につながるかどうか」ということに、結論は行き着くと思いますよ。

酒井　そうですね。ただ、左翼の人たちは、そういう功利主義的な考え方を取らないでしょうし、自分たちの行動をイデオロギー的に「正しい」と思っていると思うのですが……。

清水幾太郎　「大企業《きぎょう》は悪」とか、よく言っているからね。

憲法九条は「国家」ではなく「自治区」の行き方

酒井　清水先生は、「安保闘争《とうそう》」以後、左翼から保守に変わったわけですが、そのご体験に基づき、「左翼の人たちの考え方の間違いを、保守の側から、どう指摘《してき》していけばよいのか」ということについて、教えていただければと存じます。

清水幾太郎　戦前は天皇が祀《まつ》られていたわけだけれども、戦前に対する反省として、「天皇制が諸悪の根源である。一元的価値観、イデオロギーに縛《しば》られていると、人間は判断ができなくなり、暴走して歯止めが利《き》かなくなる」という考え方が出てきた。

そして、戦前は天皇制と愛国心とが結びついていたので、それを占領《せんりょう》軍が分解しようとした。そういう動きが、あったことはあったと思う。

そのため、占領軍には、ある意味で、共産主義運動の活発化をけしかけたところもある。あとで手を焼いたんだけれどね。大企業、要するに財閥《ざいばつ》の解体をやったし、民法改正で家制度の解体もやった。それから、軍隊を解散し、憲法九条によって、軍隊を持てず、戦争ができないようにした。

今のアメリカ人が憲法九条を英語で読んだら、「こんなの、国家ではないじゃないか」と言うのが普通《ふつう》です。これは、国家じゃなくて、例えばインディアン自治区の行き方ですね。征服《せいふく》したインディアンたちから白人が武器を取り上げるような法律に近いでしょうから、これでは国家じゃありません。

アメリカ国民は、個人であっても、銃《じゅう》で自分の家を護《まも》っても構わないんです。そして、国家への侵略《しんりゃく》に対しては、完全に一丸《いちがん》となって、断固として戦います。これは、別に天皇制でなくてもそうですし、大統領が誰であろうと同じです。大統領が民主党であろうと共和党であろうと、絶対に戦います。

日本人の場合、こういう考え方があることについての理解が、まだ十分ではない面があるのではないかと思うんですね。「とにかく反戦を言っておけば、平和につながる」というような考え方があるんだと思う。

北朝鮮《きたちょうせん》や中国にはガンジー型の平和運動が通用しない

清水幾太郎　インドのガンジーなどの独立運動は、非戦平和運動でありつつ、かなり戦略性のある戦い方ではあったと思うな。ああいう非戦の平和運動で、イギリスから独立を勝ち取ったのは、彼らが、武器を持たずに戦うことで、世界から注目を集め、世界の共感を呼んだからだね。そういう、世界を巻き込《こ》んでいく戦い方であった。「近代戦では勝てない」という理由もあったとは思うけどね。

左翼の人たちは、そういうものを「よし」と思っているのかもしれない。

しかし、あなたがたが、今、仮想敵と考えている、北朝鮮《きたちょうせん》や中国という国家の場合、ガンジー的な「塩の行進」じゃないけれども、日本海に向かって、みんなで歩き、「人間の鎖《くさり》」と言って、鳥取砂丘《とっとりさきゅう》などの海岸線で何百キロにもわたって手をつなぎ、「上陸しないでほしい」と訴えても、現状を分析する限りでは、それで許してくれるような国ではありませんね。

酒井　そうですね。

清水幾太郎　そんなことが分かるような国家じゃありません。それが分かる国家なら、国民を、あれだけあっさりと収容して弾圧《だんあつ》したり、言論の自由を奪《うば》ったりはしないはずですよ。

中国では、毛沢東《もうたくとう》革命以来、もう、そうとうの数の人が殺されていることは分かっているし、ソ連を調べても、何千万もの人が殺されていることが分かっていて、「社会主義、必ずしも善ならず」ということは、はっきり分かっているわけですね。

一方、民主主義国家での「法律による刑罰《けいばつ》」の場合には、何千万人もの人を殺しようがありません。それは無理です。

もちろん、情報公開をしている国において、議会が民主的に決めた法律によって死刑にされる人がいても構わないんです。そういう死刑の場合だったら、誰が死刑にされるか、分かります。

民主主義国家では、「闇《やみ》から闇へ」と人を葬《ほうむ》ることはできません。「ナチスはガス室で六百万人ものユダヤ人を殺した」と言われているけど、民主主義国家が、そのようなかたちで何千万人もの人を殺すのは、ほぼ不可能ですよね。

ところが、世界には、これのできる国家がまだ残っているわけです。

そこに対する非難をしつつ、日本国内において、反原発運動や、核兵器開発反対運動、軍隊廃絶《はいぜつ》運動を、同時にやれるのなら、おやりになったらいいと思います。

その代わり、ガンジーのように、「腰《こし》巻きだけを巻いて、糸車を回す生活」をやってみせるぐらいのところまで行かなくてはならないと思う。

「原子力発電反対」と言うなら、やはり、どこかの島において、ろうそくで生活するところを、みんなでやってみせなくてはいかんと思いますね。

酒井　そうですね。

それでは、次の質問者と替わらせていただきます。ありがとうございました。

3　中国の軍事力に、どう対処すべきか

国際的ステータスが上がり、軍事力も増強されている中国

國領　本日は本当にありがとうございます。

私のほうからは、国防に関して、もう少しお訊《き》きしたいと思います。

今、隣国《りんごく》の中国が軍事力を増強してきております。その軍事力の規模は、清水先生が活躍《かつやく》されていた当時に比べ、かなり拡大されてきています。

清水幾太郎　ああ。全然違《ちが》うね。

國領　ええ。最近では、中国は、その軍事力をもとに、日本を含《ふく》め、アジアの周辺諸国に対して、今までになかったような圧力をかけてきております。

このようななかで、日本は、政治の力を増し、防衛力を増強していかねばならないと思います。そのためには、まず、左翼《さよく》勢力をはね除《の》けて、日本の国力を強くしなくてはなりませんが、その延長線上には日本の核武装の問題があると思われます。

清水先生は、「核の選択《せんたく》」について、どういうお考えをお持ちか、お聞かせいただければと存じます。

清水幾太郎　私の生きていた時代は、中国が、まだ、こんなに強大じゃなかったのでね。うーん。どうだろう、当時は、おそらく、中国人百人が働いて日本人一人分ぐらいしか稼《かせ》げない時代であったかと思うので、中国は、まだ、これほどの脅威《きょうい》ではなかった。

社会主義の現実を知り、「社会主義になることは、貧しくなることだ」ということが分かったので、「〝中国志向〟によって中国のほうへと向かうべきではない」という結論は出ていたわけだけど、今は、ちょっと意味が違う。

今の中国に親近感を持っている人の多くは、「中国は大発展し、大躍進《やくしん》した」と考えている。

かつてのソ連がアメリカと競争していたとき、宇宙に出たのはソ連のほうが先だったからね。それで、アメリカは「負けた」と考え、ケネディが、「人類を月に送り込《こ》む」と言って、巻き返しに入ったよね。

あのときは、社会主義国の「五カ年計画」や「十カ年計画」などが、すごく有効なものだと思われていた。

エリートたちは、そういう計画経済が本当は好きだから、「そのようにして国家を運営できたら、どれほど楽しいか」と思っている。だから、インテリが社会主義に惹《ひ》かれたのは、よく分かるよ。

でも、ソ連の内実がオープンにされ、「軍事一辺倒《いっぺんとう》のため、国内はガタガタで、国民は、本当は疲弊《ひへい》していた」ということが分かった。

社会主義は重工業には向いていて、製鉄やエネルギー政策など、国家が絡《から》むようなものについては非常に有効だけれども、サービス産業や「軽薄短小《けいはくたんしょう》」なものに関して有効ではないことがよく分かっている。

だけど、中国が、鄧小平《とうしょうへい》以後、経済のほうについて自由化・開放政策を採《と》っため、中国が豊かになってきて、中国人が日本に買い物に来たりしている。そういう意味で、「中国的なものも、いいんじゃないか」という気がしているんだね。

それと、「中国を商売の相手として逃《のが》したくない」という気持ちが、やはり強いのだろうと思うんだな。中国が「世界の工場《こうじょう》」になってからは、「この部分がなくなったら、生産費が上がり、物価は上がってしまうし、安売りができなくなる」というようなところがあるからね。

だから、昔とは、ちょっと意味が違ってきていると思う。

中国の国際的なステータスが上がってきているのと同時に、軍事力が強化されてきているわけだな。だから、ある意味では、中国のアメリカ化が進んでいるところはあると思うね。

フィリピンとベトナムは「蛇《へび》に睨《にら》まれた蛙《かえる》」

清水幾太郎　ただ、現状を見る限り……。私は、この世の人じゃないから、あの世から見ているわけだけれども、現状を見る限りでは、フィリピンやベトナム等は、もう、「蛇《へび》に睨《にら》まれた蛙《かえる》」のような状態になっていますよ。

ただ、フィリピンもベトナムも、実は、アメリカに救援《きゅうえん》を頼《たの》めるような立場にはないわけです。

フィリピンは、今の日本の沖縄《おきなわ》のように、アメリカの軍事基地があったのに、民意によってアメリカ軍を追い出した国です。今、中国に南沙《なんさ》諸島を取られ、基地をつくられつつあるので、アメリカに、「助けてくれ」と言って、ちょっと尻尾《しっぽ》を振《ふ》っていますけれども、アメリカ軍を追い出しておいて、今さら言えた義理じゃない。

一方、ベトナムは、ベトナム戦争でアメリカと何年も戦った。アメリカ軍は死者を五万人以上も出して散々な目に遭《あ》ったし、そのあと、麻薬《まやく》は流行《はや》るし、精神的に不安定な人も大勢出た。アメリカの国家的トラウマをつくったのはベトナムですよ。

だから、ベトナムがアメリカに助けを求めても、アメリカとしては、ホイホイと助けに出るには、やはり、心理的抵抗《ていこう》がないわけではないよね。

ベトナムは、アメリカに、「かつては助けようとしたじゃないか」と言うかもしれない。かつては、ベトナムが共産主義化するのを阻止《そし》するために、アメリカは南ベトナムを助けて北ベトナムと戦った。

ただ、アメリカは、「北ベトナムと戦っている」と思っていたのに、実は中国の人民解放軍と戦っていたんだね。例えば、「向こうの戦闘機《せんとう》に乗っていたのは中国のパイロットだった」ということがある。

地続きである中国から無限の補給が北ベトナムになされたため、北ベトナムはアメリカに負けなかったんだよね。アメリカは騙《だま》されていたんだ。

それなのに、ベトナムが、今度は、「中国に国を取られるかもしれないから、助けてくれ」と言っても、えらく虫のいい話だよな。

アメリカとしては、ベトナムに対し、「君らは、そのとき、間違えたんだろう。『ホーチミンは偉《えら》い』と言って彼を讃《たた》え、中国と一緒《いっしょ》になっていたんだから、安楽死したまえ」と言いたくなる気持ちもあるよな。ベトナムで死んだアメリカ人の墓標もたくさんあるわけだから、問題は非常に複雑ですね。

だから、今、本当は、日本が、アジア地域において、「正義とは何か」ということを考え、アジアの国々の盟主として、他の国々を、ある程度、守ってやる立場を取ることがよいと私は思う。日米の同盟を堅固《けんご》にしておきながら、アジアに関しては、日本が他の国々に協力するとともに、意見を言えるような立場を、ある程度、持たないといけないと思いますね。

中国もばかじゃないので、経済的には、もう、アメリカと日本に対して、そうとう依存《いぞん》していることは分かっていますよ。「中国は巨大《きょだい》な経済大国だ」と言っても、アメリカや日本との貿易がなくなったら、中国経済がガタガタになるのは、もう分かっていることですのでね。

ただ、軍事的な部分については、中国のほうから、日本に、「もっと武装を強化するように」とか、「空母をつくるように」とか、「核兵器をつくるように」とか、「おたくも大陸間弾道弾《だんどう》を持つべきだ」とか、そういうことを言ってくれるはずは絶対にありません。

そして、あの貧しいインドでさえ、やはり、きちんと中国への対抗手段をつくっている。そのことをよく見るべきですよ。

日本の防衛をどうするか。これは自分たちの判断にかかっていますね。

そういう意味では、「押《お》っ取《と》り刀《がたな》で及《およ》び腰《ごし》のマスコミを誰《だれ》が引っ張るか」ということが大きな問題でしょうね。

「原発ゼロ」と「核兵器の開発能力ゼロ」とは、つながっている

清水幾太郎　日本が核兵器の非保有国であること自体は構わないけれども、そうであるならば、その代わり、基本的には、中国や北朝鮮《きたちょうせん》にも、当然、〝刀狩《が》り〟をやってもらわないといけないと私は思いますよ。

日本が「核武装をするぞ」と言ったら、あちらが、「私たちは核兵器を捨てるから、日本は核武装をしないでくれ」と、お願いしてくるのなら、話は分かる。

「いや、私たちは核兵器を廃絶《はいぜつ》しますので、日本の核武装は勘弁《かんべん》してください。日本には、先の戦争のときに、ずいぶん攻《せ》められて、ひどい目に遭いましたから、もう結構です。日本の核武装だけはご勘弁願いたいので、私たちのほうが核兵器を処分していきます。日本と国連の立ち会いの下《もと》に、核兵器を廃絶していきます」と言って、北朝鮮や中国がそれを実行してくれるんでしたら、それで構わないと思いますよ。

しかし、この両国では、「軍事的増強を重ねていく」という路線がはっきりしていて、今のところ、それを改める余地が全然ないので、それであれば、日本は、やはり、防衛に関して、やれるだけのことはやるべきだと思いますね。「原発をゼロにしたい」という運動は、要するに、「原子力兵器の開発能力をゼロにしたい」という勢力と密接につながっているものだと思います。

日本は、「広島と長崎《ながさき》は、日本が原爆《げんばく》を落として破壊《はかい》したのではない」ということを忘れてはいけないですね。「かつて原爆を落とされたことがある」ということは、「再び、そういうことがありうる」ということなので、広島と長崎は、またやられることがないように、「わが都市を狙《ねら》った場合には自動的に反撃《はんげき》する」と言って、いち早く核武装をしなければならないぐらいですよ。

地方自治や地方主権を言うんだったら、それくらいはやらないといけない。

地方自治や地方主権は、今、流行《はや》りだけど、「日本国家としては核武装をしませんが、広島と長崎については核武装をし、敵が撃《う》ち込んでくる様子を見せたら、いち早く、こちらから撃ち込みます」と言うのなら、地方主権でよろしいかもしれませんね。

どんどん、どんどん、中国の軍備が増強されている状況《じょうきょう》では、もう一回、〝明治維新《いしん》〟が必要じゃないでしょうか。国防論から明治維新は起きておりますからね。このままでは、やられますよ。

おそらく、もうすぐ、フィリピンやベトナム、その他の東南アジアの国に対する、中国軍の侵攻《しんこう》が始まると思います。そして、日本に対しては、尖閣《せんかく》諸島や沖縄、その他に関する領有の主張が、軍事的なデモンストレーションと併《あわ》せて始まると思いますね。

そのときには、やはり、明治維新を思い出して、きちんと国防態勢をつくらなくてはいけません。

中国にとって、尖閣《せんかく》諸島は日本を揺《ゆ》さぶるための試金石

酒井　中国では、もうすぐトップが替《か》わる予定ですが、その前に、そのような動きが出てくるのでしょうか。

清水幾太郎　もう動きは出ていますよ。もう、とっくに出ています。二〇五〇年までの既定《きてい》路線をつくっているはずですから、その路線に沿っていますね。社会主義は計画経済なので、基本的に、そちらの方向に……。

酒井　尖閣《せんかく》諸島の占領《せんりょう》など、具体的な動きがあるのでしょうか。

清水幾太郎　尖閣はねえ、〝遊び〟ですよ。

酒井　〝遊び〟ですか。

清水幾太郎　ただの〝遊び〟ですから。要するに、猫《ねこ》がネズミをいじめているようなものです。

あんな小さな島、中国から見たら、点のようなものですから、本当は、どうでもいいんですけれども、あれは日本を揺《ゆ》さぶるための試金石です。「尖閣問題で、日本政府が、どれほど、だらしのない対応をするか」を見ているわけです。

酒井　そうですか。ちょうど、今、日本の政治は乱れていますが、「こういう時期は危ない」と考えたほうがよろしいのでしょうか。

清水幾太郎　うーん。まあ、いつも弱いからね、政治が。「いつなら強いか」ということは言えないと思います。

今、東京都が「尖閣諸島を買う」と言っていますけれども、中国は、石原慎《いしはらしん》太郎《たろう》のような人が総理になるのが、いちばん怖《こわ》いかもしれませんね。

彼なら、「もし、尖閣諸島に中国船が来て、人が上陸してくるとか、攻めてくるとかしたときには、その船を全部沈《しず》める」などと言い出すに決まっているから、そういう人が、いちばん怖いことは怖い。

だけど、本当は、そういう人が最も中国人的な人ではあるわけですね。中国は、みんな、そんな人ばっかりだからね。中国には、日本人のような人はいなくて、石原のような人ばかりだから、そういうタイプの人が、確かに、怖いことは怖いですよね。

中国の狙《ねら》いは「ハワイからアフリカまで」を押《お》さえること

國領　尖閣問題で日本を揺さぶったあと、中国はどう動くでしょうか。

清水幾太郎　だから、日本で、今の反原発運動のほうが勝利し、その後、これに従うかたちの政権が続いていくようだったら……。民主党政権ができたときに、そうなるかと彼らは考えたようであるけど、「原発には絶対に触《さわ》らないような政権であれば、日本は、経済的に、どんどん衰退《すいたい》していく」と彼らは計算しており、「その場合、日本の国力は中国の十分の一まで落ちていく」と見ている。

そうなったときには、もう、本当に、猫がネズミをいたぶるような状態になります。事実上、日本は中国の一省《いちしょう》のようになり、日本が沖縄を見るような目で、中国が日本を見るようになるだろうと思いますね。

中国は、日本に対し、「南京《ナンキン》事件で三十万人も殺された」と一生懸命《いっしょうけんめい》に言い続けているわけですけど、自分たちは何千万人もの国民を殺しても平気だし、外国に向けて、核ミサイルを幾《いく》らでも撃ち込む準備をしていますからね。

中国はアメリカとの戦争に備えているわけですが、「自分たちは、二〇二〇年には、アメリカにチャレンジできるぐらいの力になる」と見ているので、その前にアジア・太平洋地域からアメリカを追い出したいでしょうね。

まずは、日本海、太平洋からインド洋にかけて、アラビア湾《わん》やアフリカの近海、これらを、全部、中国の海に変え、アメリカが入ってこられないように、アメリカをハワイから向こうに押《お》し返したいでしょう。アメリカをハワイまでしか来られないぐらいにしておきたいはずです。

そうしたら、オーストラリア、東南アジア、日本、インド、中東の石油地帯、アフリカ、この辺を、全部、押さえられますよね。

本当は、ハワイからもアメリカを追い出したいでしょう。次に南米航路を開《ひら》くためには、あの辺にアメリカがいると邪魔《じゃま》くさいので、ハワイあたりも本当は取ってしまいたいところであり、「日本がやり損ねたことを、中国がやりたい」というのが本心でしょうな。

4　清水幾太郎の「過去の転生」

今のマスコミに対しては、宗教が頑張《がんば》る以外にない

國領　もう一つ質問させていただきます。

清水先生とマスコミとの関係をお訊《き》きしたいと思います。

丸山眞男《まるやままさお》氏の著作は、いまだに書店にけっこう並べられていますが、残念ながら、清水先生の著作に関しては、あまり書店に並んでいない状況だと思います。このあたりについては、やはり、清水先生が転向されたため、左翼《さよく》マスコミとの戦いがあり、それが影響《えいきょう》しているのではないかと思われます。

そこで、左翼思想を知り尽《つ》くした清水先生から、左翼マスコミとの戦い方、あるいは付き合い方を教えていただければと思います。

清水幾太郎　いやあ、もう天照大神《あまてらすおおみかみ》の復活以外にありませんなあ。それは、もう、神様が出てこなくては駄目《だめ》ですよ。そうでないと、もう、勝ち目はないですね。うーん。人間界だけの話では収まりません。「天孫降臨《てんそんこうりん》、再び」。もう、これしかないと思いますね。神の時代。神様で、やはり攻《せ》める。

だから、あなたがたは、ものすごく重要な仕事をしていると思いますよ。マスコミが言っているのは、全部、この世の話ですから。マスコミでは、この世の話でしか会話が通じないんです。マスコミでは全部が三次元の世界での話です。

マスコミは、「ああだ。こうだ」という、〝マスコミ法〟による裁きを一生懸命《いっしょうけん》命《めい》に行い、「お金と地位と名誉《めいよ》と女」という、この世的な話ばかりして、ギャアギャアと人の悪口《わるぐち》だけで飯《めし》を食っているような世界だね。

彼らは、「これが民主主義だ」と言うけど、これは、かなり衆愚《しゅうぐ》政に近いかたちでの民主主義だと思う。肝心《かんじん》なことは、全部、避《さ》けて通り、話さないようになっていますのでね。とにかく、人を追い落とすことだけを一生懸命にやっている。

ヒトラーのような独裁者が出るときには、この「悪口を言えるマスコミ」がいることは、ありがたいことなのかもしれないけれども、それほどでもないもの、大したことがないものを、〝有名税〟だということで、一生懸命、追い落とし、それで飯を食うマスコミによって、世の中が動かされているんでね。

これでは、もう、どうしようもないね。これに対しては、やはり、「今、宗教が頑張《がんば》る以外に、根本的な解決はない」と私は思うね。

酒井 ああ。

清水幾太郎 これに対しては、宗教が頑張る以外にないわ。

酒井 ありがとうございます。

清水幾太郎は幸福の科学に間接的に影響《えいきょう》を与《あた》えている

酒井 そうしますと、清水先生は宗教との親和性が高いのでしょうか。

清水幾太郎　高いですよ。

酒井　そうですか。

清水幾太郎　親和性を持ってますよ、私は。若いころは知りませんが、少なくとも今は持っています。

酒井　よろしければ、今、どのような世界にいらっしゃるかを……。

清水幾太郎　だから、「清水幾太郎、渡部昇一《わたなべしょういち》、大川隆法」というかたちで、政治社会思想は、今、つながっていますよ。

酒井　ああ。

清水幾太郎　現実世界のほうの思想は、たぶん、そういうかたちで、つながっていると思います。だから、私も陰《かげ》ながら応援《おうえん》していますよ。

酒井　ありがとうございます。それでは、幸福の科学に対しては、かなりご指導を頂いているのでしょうか。

清水幾太郎　うーん。呼んでくれないから（会場笑）、指導しているうちに入るかどうか、知らないけれども、少なくとも間接的には影響《えいきょう》を与《あた》えているはずです。

酒井　そうですか。清水先生がいらっしゃる所には、同じように思想家の方が多いのか、それとも、宗教的な方が……。

清水幾太郎　でも、「私が宗教的でない」と言えば嘘《うそ》になるのよ。私は、生前、コントの研究をしてますからね。あれは、フランスの学者と言えば学者だけど、宗教家と言えば宗教家なのよ。

酒井　そうなんですか。

清水幾太郎　あなたはよく知らないだろうけれども、コントは、本当は新宗教の教祖だよ。新宗教の教祖が社会学者のように理論的に話すものだから、社会学かと思ってしまうようなところがある。

幸福の科学にだって、そんな匂《にお》いがちょっとあるよ。

過去世《かこぜ》は、『日本外史《がいし》』を書いた頼山陽《らいさんよう》

酒井　そうしますと、清水先生は、日本以外でもお生まれになったことがおありなのでしょうか。

清水幾太郎　うーん。そう来るか。そうだなあ。日本以外にもあるかといえば、それはあるだろうね。

酒井　われわれに分かるような、著名な方はいらっしゃいますでしょうか。

清水幾太郎　うーん。そうだね、君らに分かるような……。何を言えば分かるかねえ。うーん。いや、日本にも生まれてはいる。

酒井　ああ、そうですか。日本では、どのような方として……。

清水幾太郎　うーん。日本には、言論人のような人が、それほどいるわけじゃないけれども、私は昔も本を書いたりはしている。そうだねえ、いちばん新しくて、比較的《ひかく》知られているとしたら、『日本外史《がいし》』を書いた頼山陽《らいさんよう》（江戸時代後期の儒学者《じゅがく》・歴史家）かなあ。

酒井　あ、そうなんですか。

清水幾太郎　ああ。これなら、知っている人もまだ少しはいるだろう。

酒井　そうですね。

清水幾太郎　比較的新しいのは、そんなところかなあ。

南北朝のころに活躍《かつやく》した北畠親房《きたばたけちかふさ》も過去世《かこぜ》の一つ

清水幾太郎　もっと昔には、天皇家の正統性について議論した本を書いた学者もいるけどね。

酒井　それは、室町《むろまち》時代か、南北朝のころ……。

清水幾太郎　そう。南北朝のころにね、天皇家の正統性について書いたものを著《あらわ》した……。

國領　北畠親房《きたばたけちかふさ》？

清水幾太郎　そのとおりだ。あなた、日本史を知っているのか。

酒井　そうしますと、やはり、神道《しんとう》系の……。

清水幾太郎　うーん。まあ、神道系に一つの籍《せき》はあるな。ただ、「日本以外にない」と言ったら、嘘になるけどね。当然、外国にも、哲学者《てつがくしゃ》などの思想家として、ちょっと出てはいるのでね。

酒井　そうですか。

清水幾太郎の絶版本が復活する？

酒井　清水幾太郎先生が日本にお生まれになった使命は、何だったのでしょうか。

清水幾太郎　丸山眞男の本はまだ売れているが、私の本は書店にないと言われたけど、この本（本書）が出ることで、たぶん、私の本が復刻され、復活してくるからさ、そういう使命を君たちは持っているんだよ。今は、いったん絶版になり、古本屋で埃《ほこり》をかぶっているけどね。

「清水幾太郎は、なぜ変節したか」を、やはり、神学的立場から考えなければいけないと思うな。

だから、今、この場に幸福の科学出版社長がいないのが残念だ。もうちょっと〝ヨイショ〟をかけて、清水幾太郎の絶版本を……。

酒井　絶版本を？

清水幾太郎　ちょっと……。

酒井　そのように申し伝えさせていただきます。

清水幾太郎　隙《すき》を見て、何か、よさそうなやつを、現代的に、ちょっと直して……。

酒井　特にご指名があれば……。どの本が現代に必要でしょうか。

清水幾太郎　いや、どれも内容が難しいからさあ。あまり売れないかもしれない。困ったなあ。うーん。売れないかもしれないけど……。いまだに読まれているのは、『論文の書き方』とか、あのくらいなんだけどなあ。

うーん。いやあ、もう、「古くて読めん」と言うんだったら、霊言集《れいげんしゅう》の五巻や十巻を出すのはわけがないけど、そんなに読んでくれないよな。まず、これが売れなくてはなあ。うーん。

5　清水幾太郎流「外国語学習法」

原書を読まないと、学者として話にならなかった

酒井　それでは、清水先生の思想的な面に関する質問から、学問的な面に関する質問に移らせていただきます。

高田　このような質問の機会を賜《たまわ》りまして、ありがとうございます。

先ほど、大川総裁のほうから、清水先生は非常に語学に堪能《たんのう》であり、ドイツ語をはじめ、英語、フランス語、ロシア語も習得なされ、「語学の天才」と言

われていたと伺《うかが》っております。

今、ビジネスマンもそうですし、学生もそうですが、語学の習得、特に英語の習得に関して、熱意のある人が数多くいます。

ただ、そうは言っても、実際には、なかなか単語が覚えられなかったり、単語を覚えても、文章をすらすらと読めなかったり、そういう悩《なや》みを持っている人はかなり多いと思うのです。

そこで、英語に限らず、「語学習得のコツ」について、ぜひ、アドバイスを頂ければと存じます。

清水幾太郎　いやあ、私のことを「天才」と言うのは間違《まちが》いかもしれないけどね。まあ、「語学が達者だった」というところぐらいまでだったら、認めてもいいけれども、「天才」ということまでは認めがたい。私は学者だった期間が長いので、やはり、「外国語と付き合っていた時間が長い」ということが大きいからね。

当時は、日本語に翻訳《ほんやく》されている文献《ぶんけん》があまりなかったので、原書を読まないと、学者としては話にならない。そのため、外国語と付き合っている時間が長かったんだよ。

それと同時に、社会学者という立場から見れば、いろいろな国の人の意見などを勉強しなくてはいけなかったのでね。

私の時代ぐらいまでは、ドイツ語ができなければ社会学はできなかった。「ドイツ語ができる」ということは、イコール、「医学ができるか、社会学ができるか」というような状態であったわけだな。

今は英語が主導権を握《にぎ》っているので、少し事情が違うとは思う。

私は、哲学《てつがく》と社会学の境目のようなところを走っているので、何とも言えないんですが、私には、「現実の世の中を動かしたい」という気持ちがすごくあるわけですよ。

だから、本当は経済学も関係はあるわけで、マルクスとは考え方は違うけれども、彼も、「理論によって世の中を変えていく」という思想は持っていただろうと思う。そういう思想家には、マックス・ウェーバーもいるが、デューイという、実用主義を説く人もいる。

私の場合、「何か一つの考え方、コンセプトを出して、世の中を動かしていく」というようなことに対して、興味があったね。

ただ、自分で思いつくものもあるが、私は学者であるから、それだけではなく、「すでに先人が書いて発表したものについては、できるだけ勉強をすべきだ」とも思っていたな。

自分の周りを「英語だらけ」にし、英語を現実に使ってみる

清水幾太郎　「語学習得の秘訣《ひけつ》」といっても、ある言語に通じたかったら、まず辞書を買い、文法書や入門書を買って、そのあと、それらの本で自分の周りを囲うことだよ。これは大事だ。

だから、英語に通じたかったら、もう、周りを英語だらけにしてしまうのが、いちばんいい。手を伸《の》ばせば英語の本が転がっているような状況《じょうきょう》にするのさ。どうしても日本語の本のほうが読みやすいけど、手を出せば英語の本があるような状況にするといい。

それと、英語のテレビ番組や映画を見たり、ラジオを聴《き》いたり、CDを聴いたり、いろいろあるだろう。やはり、接触《せっしょく》面積を増やすことが大事だな。

あと、「英語を使う必要性がある」「英語を使う道がある」ということは、何よりも大事なことだし、それが職業につながって、収入を生み、生業《なりわい》を立てられるところまで行けば、さらに素晴《すば》らしい。

趣味《しゅみ》で勉強している分には、それほどのところまでは行かないと思うんだけど、実際に、それが職業につながり、生計を立てていくところまで行くなら、そうとうなものだ。必要があれば、やはり、勉強しなくてはいけないしね。

そして、勉強を深くやっておれば、自信が出てくるし、それが勇気にもなる。陽明学《ようめいがく》というものがあるけど、やはり、実践《じっせん》、行動というものを甘《あま》く見てはいけないと思うんだよ。

私には、そういう考えがあったから、社会学を学んでも、本を読んでいるだけではなく、実際に行動してみて、「この人の考え方は、正しいのか、正しくないのか」ということを、実践によって判断しようとした。

だから、ヨーロッパの社会学は、日本で言えば、実は陽明学に相当するんじゃないでしょうか。「その理論に基づいて現実に行動したら、どうなるか」ということが大事だよね。だから、社会学や陽明学は、けっこう革命思想になっていくでしょう？

要するに、現実に使ってみることが大事だね。

英語の勉強をするならするで、やはり、海外に行くなり、外国人と話すなりしなくてはいけないし、「何か英語で仕事をやってのけたい」という気持ちを持つことが大事なんじゃないだろうか。

あとは、先ほど言ったように、周りを英語で固めることだね。マンガの本で周りを固めたら、マンガ評論家にしかなれないよ。あるいは、マンガに耽溺《たんでき》して、時間を潰《つぶ》しているだけになる。

周りを英語の本で固めれば英語の達人になるし、ドイツ語やフランス語、ロシア語などで固めたら、当然、その言語の本を、だんだん読むようになっていく。

周りに本を積み、「吉田松陰《よしだしょういん》先生のように、座敷牢《ざしきろう》に入って本を読んでいる」というつもりで読むことが大事ですよ。

やったら、やっただけ、当然、違いは出ますからね。

〝摘読《てきどく》〟や〝点読《てんどく》〟の実践《じっせん》を

清水幾太郎　それと、肝心《かんじん》なのは、間違いを気にしすぎないことだね。

先ほど少し話があったように思うけれども、今の日本では、中学・高校・大学で、十年ぐらい英語の勉強をしているのに、英語の本が読めない人が多い。その程度のところで勉強が終わっているんだろうけど、これは、おかしいよ。本当は、読めなければならない。

十年も勉強して本が読めないのでは、時間効率が悪すぎる。

そうなる原因の一つには、あまりにも間違いを気にしすぎる考え方がある。減点主義的な考えが、どうしても、そういうことに結びついていくんだね。

「文法的に間違ったら恥《は》ずかしい」などという、日本人的メンタリティーがあると、どうしてもミスを気にするし、テストの点をたくさん引かれたりしたら、がっかりする。大学入試には、英語力を上げる力があるけれども、それと同時に、英語力を下げる力もあるね。

だから、「摘読《てきどく》という、摘《つ》み取り型で読んでいくイングリッシュ、あるいは、点読《てんどく》という、〝つまみ食い〟をしながら点々と読んでいき、全体の意味を取っていくイングリッシュだってあるのだ」ということを知らなくてはいけないよな。

たいていの日本人は英字新聞をほとんど読めないだろうけど、日本語の新聞だって、本当は隅《すみ》から隅まで読んでいるわけではなく、たいていは、見出しと写真を見て、あとは、関心のあるところを読んでいるだけだね。

それも、その記事の全部を読むとは限らなくて、最初の何行かを読み、あとは途中《とちゅう》で打ち切ったりしている。記事を書いているほうも、それを承知の上で書いているので、最初の段落ぐらいを読むか見出しを見れば、だいたい内容が分かるようになっているし、なるべく視覚に訴《うった》えるようになっている。テレビは、新聞より、もっと視覚的になっているけどね。

だから、「ある程度、視覚的に読む練習もしたほうがいい」ということだな。

日本人は、英語の文章全体の九十五パーセントが、自分の知っている単語で出来上がっていても、その文章を読めないのが普通《ふつう》だけど、これは学校教育の失敗の一つだと思うんだ。

「文章全体の九十五パーセントの単語を知っていて、その文章を読めない」ということは、絶対にありえません。だいたいの意味は分かるはずなんですよ。だから、全部に対して、「辞書を引いて読もう」とは思わんほうがいい。それだと、読むのが遅《おそ》くなりすぎる。日本人は、英語の本を何か一冊読むとき、いちいち辞書を引かないと読めないので、なかなか読み終わらない。学校のリーダーの教科書の場合には、そういう読み方だけどね。でも、一年かけてリーダーの一冊や二冊程度を読むような読み方をしていたら、本が読めないよ。

例えば、外国人が、日本の岩波新書を……、いや、今、岩波新書は流行《はや》らないか。今は何新書が売れているのか知らないから、PHP新書でも何でもいいけど、そういう新書なら新書をテキストにし、辞書を引きながら、一年かかって読んでいる姿を想像してみたらいいよ。ちょっと、ばかげているよね。

日本人なら、それを読むのに、それほど時間はかからない。遅い人でも一週間、早い人だったら、本当に、電車に乗っている通勤時間中に読んでしまうよな。

そして、別に、内容を隅から隅まで覚えているわけでも何でもなく、自分にとって大事なところや都合のいいところを使っていると思うんだよ。

学問も、これと同じであって、社会学を勉強するにしても、「社会学で使えるところは、どこか」という目で英語の本を読み、「ここが使えそうだ」というところを読んでいけば、あとのところは捨てても構わないわけなんですね。

分からない単語があっても、辞書を引かずに読み進む

清水幾太郎　だから、「分からない」ということに対して、そんなに怖《こわ》がらないことが大事です。

先ほど、大川隆法さんが、「ポジティブ・リーディング」という言い方をされていたようですけれども、私も基本的に辞書はあまり引かないタイプでしたよ。

気になる単語が出てきたら、それには丸を付けておいてもいいと思う。その単語が何度も何度も出てくる場合もあります。あまりにも何回も出てくる場合、

それは重要単語なので、辞書を引いてもいいと思うんです。

ただ、「知らない単語が一つあったら、すぐに辞書を引く」ということを、あまり習慣にしすぎると、本が読めなくなるので、まずは読み切ってしまうことが大事だと思いますね。そして、どんどん、どんどん、何冊も読んでいくことです。そのうち、すらすらと読めるようになってくるんですよ。

新聞だって、最初は、分からないことが多いと思うけれども、いつの間にか、速く読めるようになっていくでしょう？　あれと同じなんですよ。

「辞書を引きながら新聞を読む」というのは、小学生なら、あることかもしれないけど、いつまでも、そのようにはできません。

週刊誌だって、辞書を引きながら読むのは何だかおかしいでしょう？　もし、外国人が、辞書を引きながら「週刊読売」などを読んでいるのを見たら、日本人には、おかしく感じられるでしょうね。

でも、週刊誌だと、実際には、日本語学習では習ったことのないような意味の言葉がたくさん載《の》っていて、辞書を引いても出てこないんだよな。

例えば、「東大合格御三家《ごさんけ》に変動あり」という見出しを見て、外国人が「御三家」とは何かと思い、辞書を引くと、「水戸《みと》家、尾張《おわり》家、紀伊《きい》家、この三つの徳川家が御三家であり、もし徳川の本家から跡取《あとと》りが出ない場合には、御三家のなかから次の将軍を出す」という説明が出てきたりするので、「これは、いったい何だ？」ということになります。

辞書を引いても、そこに書いてある意味が全然違います。週刊誌が使った「御三家」とは、そういう意味のものじゃありませんのでね。

このように、辞書を引いても出てこないものはたくさんあります。そういうものは、とても多いんですよ。

流行《はや》り言葉は、そのときどきにあるので、『現代用語の基礎《きそ》知識』には、辞書に載っていないような言葉が数多く載っていますが、あれにも全部の言葉は載り切らないいんですね。

だから、意味を知らない言葉については、ニュアンスというか、文脈のなかで捉《とら》えるんでしょう?　他の人が使っている用例を見て、「こういう意味で使うんだな」というように捉えるわけですね。

昔だったら、「やばい」と言えば、「危ない」という意味の言葉だったけど、今の若い子たちは、「やばい」というのは、「すごい」という意味だと思っている。

あるいは、親の世代だったら、「鳥肌《とりはだ》が立つ」という言葉は、「怖い」「恐《おそ》ろしい」「震《ふる》え上がるような」「戦慄《せんりつ》するような」という意味で言っていたのに、今では、「鳥肌が立つ」とは、「とってもいい」ということを意味していて、今の人は、「すごい美人を見て、鳥肌が立った」というような使い方をするよな。

ただ、「鳥肌が立つ」を、いい意味で使うのが間違いかといえば、そうでもない。戦前までには、そういう使い方をしていた時代もあり、やがて、悪い意味で使うようになり、今、また、いい意味でも使うようになったりしている。

そのように、言葉というものは変遷《へんせん》していくんですね。

だから、実際に使用されているなかで、言葉の使い方を覚えていくことが大事だし、その意味では、耳と口を使って覚えることも大事だな。

知らない単語を恐れないことですよ。今言ったように、私は、「辞書の引きすぎには気をつけたほうがいい」という気がしています。

知らない単語があったら、丸を付けるか、下線でも引いておけばいいんです。そして、各章に出てくるなど、何回も出てくるようだったら、辞書で調べてもいいんですが、一回出てきたあと、もう出てこないものは、捨てても構いません。重要な単語じゃないわけですからね。

要点を中心に全体の九十五パーセントを押《お》さえる

清水幾太郎　文章を読む際には、「九十五パーセントを読み取って、だいたいの意味をつかむ」ということが、やはり大事ですね。

新聞などの読み方は、基本的に、そのような読み方になっているはずなんですよ。「新聞の一ページのなかで、分からない箇所《かしょ》がどこかあったら、読めない」ということはなく、分かるところを読んでいるはずです。実際、新聞の二ユース記事なんか、分かるところだけを読んでいるでしょう？　関心がないことだと、よく分からないこともあるからね。

例えば、オリンピックにまったく関心のない人は、オリンピックの記事を読んだって分からないでしょう。だからといって、劣等感《れっとう》を持ちはしないですよね。

その競技に関心がなかったら、選手の名前が分からない。そして、例えば、体操の選手のことを知らなければ、「誰《だれ》がどうだった」という記事を読んでも、何のことか、分かりません。

だから、分からないことがあるのは当然だけれども、「分かること」というのは、要するに、主として自分が興味・関心を持っていることなんだよ。

自分の学問に使えるようなことを知っていこうとする態度は必要だけど、自分にとって興味・関心のあるところは、実は、仕事で使ったり、自己実現に関係があったりする部分になるな。

逆に言えば、割り切ってしまうことだ。私は学者だったけれども、誰もが学者になるわけじゃないんだから、例えば、「宗教として、この教えを国際社会に弘《ひろ》めることに使えればいいのだ」と割り切れば、そういう勉強の仕方はあるだろう。それ以外のところについては、分からなくても別に構わないわけだからね。

ウガンダの新聞を隅から隅まで読めなくても、いっこうに構わないわけです。自分には関係がない部分が大部分だろうと思うんですよね。

だから、「自分たちが伝えたいことについては、やはり勉強していく」ということかな。

そこを外して、残りの五パーセントばかりにかかわりすぎるのはよくないね。そういう人は、テストのときに、難しい問題や引っ掛《か》け問題を解き、いい点を取ったりする場合もあるけれども、現実には、使い物にならないことが多い。だから、「九十五パーセントを押さえた人のほうが使い物になる」ということだね。

そういうことを計るバロメーターの一つは速度ですよ。「どの程度の速度で、こなしていくか」ということを見れば、その人が、要点を中心に読んでいっているか、あるいは聴いているかが分かります。

外人の英語を聴く際に、必ずしも全部を聴き取れなくても、要点が分かれば、相手に答えることはできるでしょう？　それと同じです。分からないところに過剰《かじょう》に反応し、すぐお手上げ状態になるようだったら、やはり駄目《だめ》ですね。

基本的には、要点を押さえるかたちで読んでいくことが大事なんじゃないかと思います。

これを言っているのは、日本では私と大川隆法さんの二人しかいないんです。あとは、これを言う人はいないんですよ。細かく見れば、ほかにもいるかもしれないけれども、他の人たちは、みな、漢文を読み下すように、「隅から隅まで、きっちりとルールに則《のっと》って読む」という、受験勉強型の読書スタイルをすすめています。

そういう読み方もできなければいけない面はあるので、それはそれで役に立ちます。学校で学ぶときには、そういう勉強の仕方を習得しておくことが大事です。「いざ」というときは、そういうやり方もできなくてはなりません。

ただ、趣味や仕事で、ある言語を習得するためには、そんなことをする必要はないんです。

例えば、私の場合、戦前は、ドイツ語が読めれば学者ができたのですが、戦後は、英語ができなくてはいけなくなったので、英語の勉強をだいぶやりました。

私は中学などでは英語を正式に教わったことはないんですよ。だから、英語は大学以降の勉強で身につけたものです。

ただ、ドイツ語と英語は言語的には仲間なので、ドイツ語から類推すれば、英語をだいたい読めるようになっていくんです。そして、ある程度、読めれば、一冊目を読むことができ、一冊目を読めれば、二冊目、三冊目も読めるようになっていき、そうやって読んでいくうちに、だんだん語彙《ごい》が増えていくんですね。

「ポジティブ・リーディング」のすすめ

清水幾太郎　私は、別に、「辞書を引くな」と言っているわけじゃないんだけど、特に日本の高学歴の人にはマイナス思考の持ち主がすごく多いので、気をつけたほうがいいですよ。

（高田に）あなたにもその傾向《けいこう》はあるでしょうし、あなただけじゃなく、一般《いっぱん》に、東京大学を中心とするインテリ系統の人には、みな、そのマイナス思考がすごく強いんですよ。だから、彼らにはベンチャー企業《きぎょう》が起こせないし、あまり創造性が出てこない気《け》があります。「ミスを犯《おか》したくない」という気持ちがあるので、基本的に伝統型のスタイルを取りやすいんですね。

一方、私のようなタイプは、自分で、どんどん外国語の本を読んでいくから、社会学といっても、伝統にはとらわれず、自分で独自にスタイルをつくり上げていき始めるんです。

私は、「教授の言ったことを一言一句マスターし、その人が退官するまで、じっと耐《た》え抜《ぬ》き、その人と同じことを言い続け、その人が退官したら、やっと自分の本を出す」というようなところまで待てませんでした。二十代で、もう頭角が現れてくるような状態だったので、それができなかったようなところがあります。

その分、私には、「興味・関心がどこまでも広がっていく」というところがあると思いますね。

「ポジティブ・リーディング」は、今、私と大川隆法さんの二人しか、言っている人がいないので、他の人たちがそれをどう見るかは知りません。また、大川隆法という人の学力がどの程度なのかも、私は知りません。

ただ、英語を勉強している人はたくさんいるし、海外に行ったことがある人や、英語で仕事をしたことがある人も、たくさんいると思うけれども、大川さんには、「外国に向けて情報発信ができている」という実績があるわけですね。

だから、私と似たような勉強の仕方をしていることは、ほぼ間違いないだろうと思われます。

もっとも、私と大川さんとの違いは、大川さんの場合、おそらく、「私と似たような勉強の仕方をしつつも、それと同時に、学校秀才《しゅうさい》型の勉強の仕方も、やろうと思えばできる」ということだと思うんです。

大川さんは、後進を養うために、英語の教材などを、いろいろとつくったりしているみたいですね。そういうときには、細かいところまでやろうと思えば、けっこうできるんでしょうけど、普段は、自分では、そうはしていなくて、ほとんど、「スキミング」（要点だけをすくい取る読み方）をしているようです。だから、英字新聞なんか、読むのに、たぶん五分もかかっていないでしょうね。ほんの二、三分で読んでいるはずなので、ある意味では、完璧《かんぺき》に日本語の新聞より早く読んでいるでしょうね。

そのへんについては徹底《てってい》されているような気がします。「日本語で読めるようなものは英語で読む必要がない」と割り切っているんですね。日本語で分かるものについては、日本語の新聞で読んだほうが早いので、ほとんど読んでいないはずです。だから、日本語の新聞には載っていなくて、英字新聞にしか載っていない記事だけを、スキミングして読んでいるはずなんです。

こういう割り切りができる人は、そんなにいないんですね。大川さんには、そういうところがあります。

役に立たないことは捨て、必要なものを次々と吸収していく

清水幾太郎　勉強法については、まだ秘密がいろいろありますけどね。私は百科事典を読んだことだってあります。ほかにも、いろいろなやり方があるから、一概《いちがい》には言えませんけれども、「学校の勉強以外のところまで突《つ》き抜けていかなくてはならない面がある」ということは知ったほうがいいと思いますね。

（高田に）あなたは、語学に関して、ある程度までは行けたけど、おそらく、そのあと壁《かべ》に当たっているんじゃないかと感じますけどね。あの世の人間から見る限り、そういう印象を受けます。

おそらくは「大胆《だいたん》さ」のところが鍵《かぎ》だと思います。「役に立つか、立たないか」を見て、「役に立たないと思ったら、どんどん捨てていき、自分に必要なものだけを次々と吸収していく」というスタイルが大事だと思いますね。

また、全体をガバッとつかむ、マクロ認識も大事です。

頼山陽《らいさんよう》の『日本外史《がいし》』だって、他の学者のように細かいことを気にしていたら、あんなの、書けるものではないんです。書けるものじゃないから。実際、書けませんよ。でも、書けませんよ！　書けるものじゃないから。実際、書けません。書けないものを書く。この力が大事です。実際には書けるはずのないものを書く。なぜ書けるかというと、やはり、マクロ認識ができるからでしょう。

大川隆法さんの場合も、たぶん、そこが、実は、いちばん優《すぐ》れているところなんだと思うんですよ。細かい情報は、確かに、たくさん流れていると思うんですけれども、そのなかから、すのこを通すように、マクロ的に大事なところだけを、カチッとつかんでいく能力が、たぶん、非常に優れているんだと思うんですね。

その意味では、おそらく私と同じだと思います。

ただ、そういう能力があっても、意外に日本人には評価されないんだけど、外国へ行くと、「外国の人たちは、こちらの言うことがよく分かる」という現象が出てくることになるわけです。「ポイントをあっさりと教えてもらえる」というのは、聴くほうにとっては、実に分かりやすいことですよね。

日本人は、謙譲《けんじょう》の美徳を発揮して、いろいろと謙遜《けんそん》の言葉を言っているうちに、何を言っているのか、分からなくなってくるんですが、外国人は、そんなことを言わず、スパーンとものを言うので、分かりやすいんですよね。

このような勉強法を取り入れなくてはいけないんじゃないかな。

酒井　はい。ありがとうございました。

そろそろ、お時間となりました。

清水幾太郎　ああ、そうですか。

酒井　今後、学問的にも、そして、思想的にも、政治的にも、天上界《てんじょうかい》からご指導を頂ければと存じます。

本日は、本当にありがとうございました。

清水幾太郎　うん。

大川隆法　（清水幾太郎に）ご苦労さまでした。

6 「清水幾太郎の霊言《れいげん》」に対する感想

頼山陽《らいさんよう》がいなかったら、明治維新《いしん》はなかったかもしれない

大川隆法　こんな方でした。どうも丸山眞男《まるやままさお》とは違《ちが》うようです。

酒井　全然違います。天上界《てんじょうかい》の方でした。

大川隆法　過去世《かこぜ》は頼山陽《らいさんよう》ですか。

司馬遼太郎《しばりょうたろう》は、霊言《れいげん》のなかで、「明治維新《いしん》のころの偉大《いだい》な人物たちのうち、

吉田松陰《よしだしょういん》がいちばん偉《えら》いと思う」と言っていましたが（『司馬遼太郎なら、この国の未来をどう見るか』〔幸福の科学出版刊〕参照）、頼山陽がいなかったら、実は、明治維新はなかったかもしれません。

酒井　そうですね。『日本外史《がいし》』は志士たちの読み物だったのですから。

大川隆法　頼山陽は、「日本は、いかに偉い国か」ということを書いた人ですからね。

酒井　ええ。ポイントを分かりやすく……。

大川隆法　そうそう。確かに、そのように書いていった人です。全体を鳥瞰《ちょうかん》する力のある方だったんでしょうね。漢学者のなかには、「ここのレ点が」とか、「写本が間違っている」とか、細かいことを言って、訓詁《くんこ》学をする人もいるのでしょうが、頼山陽は、そういうタイプではないのでしょう。

酒井　そうですね。

マクロが見えるようになる、「ぶった切り外国語学習法」を

大川隆法　こういう人に教わると、物事をつかむのが速くなりますね。

酒井　はい。大学生の勉強にも、かなり役に立つのではないかと思います。

大川隆法　たぶん、そうでしょう。

速読や多読をするには、こういう観点は、どうしても必要です。もちろん、仕事をするには、一定の頭のよさが要《い》ります。ある程度の頭のよさがなければ無理なのですが、頭はよくても、細かいところに気をとられてしまうと、大した仕事はできないで終わってしまうのです。そういう人は、狭《せま》い専門分野のほうに入っていくのですが、清水幾太郎のような、この手の人の頭は広がっていくんですよ。

この手の人は、読書をしても、スキミングを行い、大雑把《おおざっぱ》なところをつかんでいくので、そういう意味では、守備範囲《はんい》がとても広くなっていき、マクロが見えるようになってくるんですね。

これは、「ぶった切り外国語学習法」といったところでしょうか。

酒井　そうですね。

大川隆法　私の学習法をばらされてしまったところも、一部、あったかもしれません（笑）。

要するに、「神経が細かくもあり、また、ザッとしてもいなくてはならない」ということですね。

酒井　はい。本日は、どうもありがとうございました。

あとがき

私は学生時代、政治学者・丸山眞男《まさお》の弟子たちが教員をする東大法学部政治学科におりながら、何となく波長が合わなかった。なぜか清水幾太郎に心魅《ひ》かれた。その理由は、本書を読み返してみて納得《なっとく》した。

私は行動し、発言する思想家にあこがれつつも、あくまでも「真理」に対し忠実な人間として生きたかったのだ。

私の中には、宗教家でありながら、闘う社会学者の血も流れているのだろう。

「核」の問題は、日本が二流国、三流国に転落するかどうかの分岐点《ぶんきてん》になるだろう。そしてそれは、日本が侵略され、植民地化されるかどうかとも関係してくるだろう。「真理」の奥にある「勇気」と「行動」に、再び光をあててみたいと思う。

二〇一二年　八月二十一日

幸福《こうふく》の科学《かがく》グループ創始者兼総裁《そうししゃけんそうさい》　大川隆法《おおかわりゅうほう》

『核か、反核か』大川隆法著作関連書籍

『日米安保クライシス』（幸福の科学出版刊）
『司馬遼太郎なら、この国の未来をどう見るか』（同右）

核《かく》か、反核《はんかく》か　――社会学者・清水幾太郎の霊言――

2012年9月7日　初版第1刷

著　者　　大《おお》川《かわ》隆《りゅう》法《ほう》

発行所　　幸福の科学出版株式会社

〒107-0052 東京都港区赤坂2丁目10番14号
TEL(03)5573-7700
http://www.irhpress.co.jp/

印刷・製本　株式会社 サンニチ印刷

落丁・乱丁本はおとりかえいたします

ISBN978-4-86395-231-7 C0030
Illustration: 水谷嘉孝

大川隆法ベストセラーズ・日本の神々の降臨

神武天皇は実在した

初代天皇が語る日本建国の真実

神武天皇の実像と、日本文明のルーツが明らかになる。韓国や中国に挑発され、卑屈になる現代日本人に、自国の誇りを取り戻させるための「激励のメッセージ」!

1,400円

日本武尊《やまとたけるのみこと》の国防原論

緊迫するアジア有事に備えよ

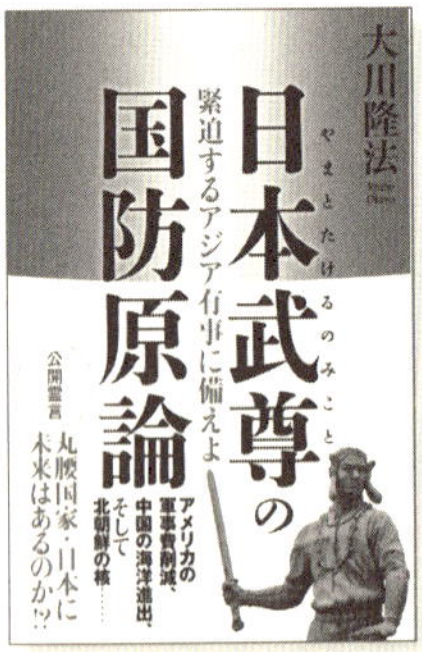

アメリカの衰退、日本を狙う中国、北朝鮮の核——。緊迫するアジア情勢に対し、日本武尊が、日本を守り抜く「必勝戦略」を語る。
【幸福実現党刊】

1,400円

天照大神《あまてらすおおみかみ》のお怒りについて

緊急神示　信仰なき日本人への警告

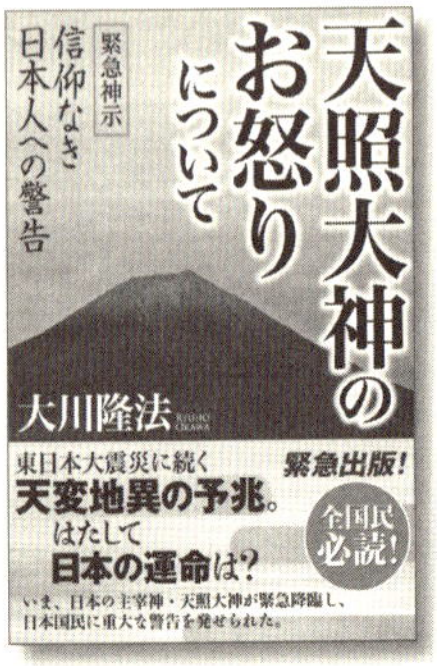

無神論で日本を汚すことは許さない!　日本の主宰神・天照大神が緊急降臨し、国民に厳しい警告を発せられた。

1,300円

※表示価格は本体価格(税別)です。

大川隆法ベストセラーズ・左翼思想を検証する

日米安保クライシス

丸山眞男 vs. 岸信介

「60年安保」を闘った、政治学者・丸山眞男と元首相・岸信介による霊言対決。二人の死後の行方に審判がくだる。

1,200円

マルクス・毛沢東のスピリチュアル・メッセージ

衝撃の真実

共産主義の創唱者マルクスと中国の指導者・毛沢東。思想界の巨人としても世界に影響を与えた、彼らの死後の真価を問う。

1,500円

国家社会主義への警鐘

増税から始まる日本の危機

幸福実現党・名誉総裁と党首が対談。保守のふりをしながら、社会主義へとひた走る野田首相の恐るべき深層心理を見抜く。
【幸福実現党刊】

1,300円

幸福の科学出版

大川隆法ベストセラーズ・神秘の扉が開く

神秘の法

次元の壁を超えて

2012年10月6日
ロードショー

この世とあの世を貫く秘密を解き明かし、あなたに限界突破の力を与える書。この真実を知ったとき、底知れぬパワーが湧いてくる！

1,800円

公式ガイドブック①
映画「神秘の法」が明かす近未来シナリオ

［監修］大川隆法

この世界は目に見える世界だけではない。映画「神秘の法」に込めた願いが熱く語られる、近未来予言映画第2弾の公式ガイドブック。

1,000円

幸福の科学グループのご案内

宗教、教育、政治、出版などの活動を通じて、地球的ユートピアの実現を目指しています。

宗教法人　幸福の科学

一九八六年に立宗。一九九一年に宗教法人格を取得。信仰の対象は、地球系霊団の最高大霊、主エル・カンターレ。世界百カ国に迫る国々に信者を持ち、全人類救済という尊い使命のもと、信者は、「愛」と「悟り」と「ユートピア建設」の教えの実践、伝道に励んでいます。

（二〇一二年八月現在）

公式サイト
http://www.happy-science.jp/

愛

幸福の科学の「愛」とは、与える愛です。これは、仏教の慈悲《じひ》や布施《ふせ》の精神と同じことです。信者は、仏法真理をお伝えすることを通して、多くの方に幸福な人生を送っていただくための活動に励んでいます。

悟り

「悟り」とは、自らが仏の子であることを知るということです。教学《きょうがく》や精神統一によって心を磨き、智慧《ちえ》を得て悩みを解決すると共に、天使・菩薩《ぼさつ》の境地を目指し、より多くの人を救える力を身につけていきます。

ユートピア建設

私たち人間は、地上に理想世界を建設するという尊い使命を持って生まれてきています。社会の悪を押しとどめ、善を推し進めるために、信者はさまざまな活動に積極的に参加しています。

国内外の世界で貧困や災害、心の病で苦しんでいる人々に対しては、現地メンバーや支援団体と連携して、物心両面に渡り、あらゆる手段で手を差し伸べています。

年間３万人を超える自殺者を減らすため、全国各地で街頭キャンペーンを展開しています。

公式サイト
http://www.withyou-hs.net/

ヘレン・ケラーを理想として活動する、ハンディキャップを持つ方とボランティアの会です。視聴覚障害者、肢体不自由な方々に仏法真理を学んでいただくための、さまざまなサポートをしています。

公式サイト
http://www.helen-hs.net/

教育

学校法人 幸福の科学学園

幸福の科学学園中学校・高等学校は、幸福の科学の教育理念のもとにつくられた学校です。人間にとって最も大切な宗教教育の導入を通じて精神性を高めながら、ユートピア建設に貢献する人材輩出を目指しています。

幸福の科学学園
中学校・高等学校（男女共学・全寮制）
2010年4月開校・栃木県那須郡

TEL **0287-75-7777**
公式サイト
http://www.happy-science.ac.jp/

関西校（2013年4月開校予定・滋賀県）
幸福の科学大学（2015年開学予定）

仏法真理塾「サクセスNo.1」

小・中・高校生が、信仰教育を基礎にしながら、「勉強も『心の修行』」と考えて学んでいます。

TEL **03-5750-0747**（東京本校）

心の面からのアプローチを重視して、不登校の子供たちを支援しています。また、障害児支援の「**ユー・アー・エンゼル!**」運動も行っています。

不登校児支援スクール「ネバー・マインド」

幼少時からの心の教育を大切にして、信仰をベースにした幼児教育を行っています。

エンゼルプランV

学校からのいじめ追放を目指し、さまざまな社会提言をしています。また、各地でのシンポジウムや学校への啓発ポスター掲示等に取り組むNPO「いじめから子供を守ろう！ネットワーク」を支援しています。

公式サイト **http://mamoro.org/**

ブログ **http://mamoro.blog86.fc2.com/**

相談窓口 **TEL.03-5719-2170**

政治

幸福実現党

内憂外患《ないゆうがいかん》の国難に立ち向かうべく、二〇〇九年五月に幸福実現党を立党しました。創立者である大川隆法党名誉総裁の精神的指導のもと、宗教だけでは解決できない問題に取り組み、幸福を具体化するための力になっています。

党員の機関紙
「幸福実現News」

TEL 03-6441-0754
公式サイト
http://www.hr-party.jp/

出版
メディア
事業

幸福の科学出版

大川隆法総裁の仏法真理の書を中心に、ビジネス、自己啓発、小説など、さまざまなジャンルの書籍・雑誌を出版しています。他にも、映画事業、文学・学術発展のための振興事業、テレビ・ラジオ番組の提供など、幸福の科学文化を広げる事業を行っています。

TEL 03-5573-7700
公式サイト
http://www.irhpress.co.jp/